AF599934

Sobrevivir en la fragilidad

Prosemas

Dori Hernández Montalbán

Aliarediciones

Corrección: Eladia Guerrero
Diseño de cubierta: Laura S. Ayuso
Maquetación: Aliar Ediciones

Depósito Legal: GR 185-2024
ISBN: 978-84-10155-46-6

Impreso en España

MIXTO
Papel | Apoyando la silvicultura responsable
FSC® C127630

Edita
ALIAR Ediciones
www.aliarediciones.es
info@aliarediciones.es

Sobrevivir en la fragilidad

Prosemas

Dori Hernández Montalbán

PRELIMINAR

La lucha por la supervivencia, en ocasiones, nos deja exhaustos, mudos, porque ese sentimiento de impotencia invalida todo lenguaje. En una sociedad injusta no hay peros que valgan ni argumentos que puedan contra ella. Es por esto que los débiles, los pobres, los frágiles, los rebeldes pacíficos, los disidentes, algunos artistas y en muchas ocasiones los poetas pasamos a engrosar esa larga lista de habitantes en «los márgenes». Y es desde esa orilla exterior e interior, desde la que he escrito *Sobrevivir en la fragilidad.*

Escribir como un acto de supervivencia y también como un acto de resistencia. Mirar lo que nos rodea con mirada inmóvil, como aquel que mira y no ve, pero ansía ver. Descifrar el misterio. Quedarse quieto mientras el mundo se mueve o ir a contracorriente, aun conscientes de que en nosotros mismos podemos hallar respuesta, conscientes de la propia ceguera causada por esa nube del no saber, por ese sentimiento de impotencia ante lo que no se comprende ni se acepta.

En *Sobrevivir en la fragilidad* se habla tanto de la poesía como del poeta, de manera implícita y explícita. El poeta intuye a ese otro yo que lo habita, aquel que siempre va con él, aquel otro invisible que todo humano porta consigo; además de esa memoria colectiva que contenemos y nos contiene como en una suerte de ADN.

Se constata que todo lo que acontece es efímero, incluso a pesar de la huella o el rastro que deja y nos deja lo acontecido, porque sabido es que, con el paso del tiempo, incluso esa huella, ese rastro, desaparece. Y que a pesar de ser testigos de la vida y de la belleza, no podemos ver con claridad aquello que todo ser humano debería poder apreciar: la rosa, la belleza que nos rodea, la esperanza, la luz que no hallamos si no es momentáneamente y como un reflejo caprichoso de la naturaleza. Es entonces cuando se produce en nosotros el extrañamiento, el asombro, la felicidad acaso... y por tanto, todo ello deriva en el poema.

De esa singular experiencia extraigo como un manual de supervivencia que me va abriendo camino como hace el guía en la selva desbrozando toda maleza que le impide seguir el camino. Un manual poético que me aproxima al hallazgo, sea cual sea su naturaleza poética o vivencial. Y a pesar de que el lenguaje, las palabras, todavía no dicen lo que nombran, me afano en el intento de volver a nombrar. Hacer, en definitiva, lo que el ser humano lleva intentando hacer desde que el mundo es mundo, que no es otra cosa que expresar lo que se siente ante la intemperie de esto que hemos dado en llamar vida. Y lo digo a través de esa fórmula mestiza del *prosema*; a medio camino entre el poema y la prosa poética.

La autora

VER LA ROSA

Lo indecible
tiene que ser dicho
tiene que ser soñado.

Lo intangible
tiene que ser sostenido con firmeza
pero no lo toques con tus dedos.

Ilse Bing

La escritura: señales, rastros de animal herido que dejamos con la esperanza de que quien los siga sea capaz de compasión.

Chantal Maillard

Tu pupila no puede ver la rosa

Tu pupila puede ver —la rosa—
aún no.
¡Oh Señor! Vivimos constantemente en la miseria
¿Quién pudiera pronunciar «hágase la luz»?
y que la luz se hiciera.
Mi corazón como el de —la rosa— late y se desata en llanto.
No estaría completa la rosa sin espinas...
Al fin y al cabo, es la sangre una flor que se deshace
y su misterio, el más alto secreto impronunciable.

Escribo con una aguja

Escribo con una aguja,
coso letras pespunteando los acentos
como si fueran pájaros en vuelo,
me detengo en las letras
para ver si las palabras dicen lo que nombran.

La mirada se detiene en el jarrón de cristal
que contiene una margarita deshojada,
apoyada en el alféizar de la ventana,
contemplo cómo derrama noviembre sus primeras horas.
Nada se puede ahora, sino echar a andar,
partir, seguir la ruta de las aves...

Un aliento vibra en la otra orilla del sueño,
debajo de los párpados;
nada se puede sino mirar el límite,
la raya horizontal,
un instante ínfimo,
una mirada apenas.

Sucede, es todo cuanto sé.
Sucede la vida y los sueños que viajan junto a las hojas secas,
caracoleando en carrera veloz hacia no se sabe dónde.

Permanezco al margen, en el borde,
funambulista en equilibrio constante...
Viento,
lluvia,
amarillo furtivo, es cuanto necesito hoy:
cerrar los ojos, ir a la raíz de los párpados,

descifrar el misterio,
dar respuesta, acaso, a las preguntas más íntimas,
aquellas que solo se formulan
en el recinto cerrado del pensamiento.

Una gaviota desvía la dirección de los vientos
tan solo con virar el timón de su pico,
y suelta todas las barcas amarradas a puerto.

Dos gorriones componen su particular sonata de otoño
sobre el improvisado pentagrama del cableado eléctrico.

Alguien pellizca las cuerdas de un violín.
Sucede, es todo cuanto sé.
Sucede simultáneamente desde el mayor acto de amor
al mayor acto de terror;
por eso también escribo con letras de arena,
para ahuyentar el miedo
que supone detenerse en el tiempo que concluye.
Y al derramar estas letras de arena,
compruebo cómo la vida se renueva en un cáliz iridiscente
de energía que voltea y fluye en el mecanismo del cosmos,
semejante al engranaje de un invisible reloj de pulsera.

Obsidiana

Eres inercia,
abandono,
indiferencia,
frío corazón,
hoja de acero sin conciencia
que permanece quieta.

Cae sobre ti la noche y te cubre de impiedad,
de escarcha.
Ni una lágrima resbala por tu mejilla.
No sufres,
no amas,
no hieres,
no matas,
no salvas,
no te alzas frente al mundo,
nada esperas.

El bosque destila savia negra
que después arrojará sobre ti la alborada,
pero tú permaneces inmóvil.

Sobre ti grabó el hálito del espíritu sus signos sagrados,
y a pesar de ello,
nada ves,
nada dices,
nada escuchas,
nada pueden contra ti ni contigo.

El rayo azul puede herirte
Pues, sabido es, que naciste de la entraña candente
de una estrella lejana.

El viento llueve alfileres sobre tu piel,
los vendavales abren las puertas secretas de la tierra hasta
encontrarte.

Ante ti los hombres no son más que suplicantes
de ansiada caridad que nunca llega,
ángeles guardianes de un mundo deshabitado,
exiliados llamando incesantemente
a las murallas infranqueables de la felicidad,
la promesa incumplida,
el muro de humo,
la torre destruida por el rayo.

Acaso sea necesario no sentir como tú, oráculo mudo,
no sentir para no morir súbitamente,
para permanecer a salvo,
para no someterse a la conjura de los cretinos.

¿Por qué se empeña el hombre
en perseguir el misterioso anhelo
que hace posible un mundo efímero,
un mañana incierto?

Contigo es inevitable la muerte,
sin embargo, se inclinan ante ti los príncipes,
soportas la cagada de los pájaros,
la corrosión de la sal,
el temblor del cataclismo,

el avasallamiento del tsunami
y, a pesar de todo, perduras.

Pero algún día el mundo acabará,
terminará el mundo, y tú permanecerás
en ese rincón sombrío, cegada por el musgo.

¿Quién se reflejará mañana en el oráculo de tu vientre?
¿Quién descifrará los mensajes ocultos?

Rompe la lanza de los antiguos sacrificios
y libera a los hombres de la esclavitud,
deja de ser la implacable diosa de los muertos,
la inconmovible,
vuelve a ser la hermosa criatura que vino del granizo,
espejo caído del cielo,
la joven guerrera que acunó en sus pechos el sueño del hombre,
aquella que vino a salvarnos del abismo.
Demasiados tótems de sobresalto a los que adorar,
demasiadas diosas de la fertilidad
a las que ofrecer pleitesía y sacrificios,
nefastos señores de la guerra,
comerciantes de vidas humanas,
ángeles de mármol...
Demasiados tesoros arrebatados a la madre tierra,
diamantes de sangre,
ídolos de oro, sin capacidad de amar.

Despierta,
es hora ya de que el sabio nigromante
desentrañe el secreto oculto de la luz.

Mandala del poeta enamorado

Negra es la mancha de tinta de la vieja estilográfica
derramada sobre la cuartilla inmaculada.

—Mal presagio
—piensa el poeta al borde, ya, de la locura.

Negra es la cabeza de alfiler
con la que ha clavado a la reina de las mariposas.

Pobre poeta, ahora coleccionista «*de breves bellezas muertas*»,
negra es la sombra que proyecta,
la sombra de un loco al que todos confunden
con la sombra de un planeta eclipsado.

Loco o planeta,
él siempre con ella, la poesía.

Él mira a través de la ventana,
mira el pentagrama negro
que componen en otoño los pájaros ateridos,
interpreta la partitura
para que la canten después los grillos en las noches de estío.

El poeta lanzó anoche un limón al negro cielo
y estalló su grito en el aire más allá de lo amargo.

El grito reverbera y el eco lo devuelve
trasmutado en sol de invierno.
El poeta confunde al sol con un limón
y al limón, con la luz de un farol amarillo.

Otra luz se mantiene encendida al fondo del pasillo,
para no tropezar con los muebles en las noches de borrachera.

¡Pobre poeta!
Blancas son las camisas de lino lavadas con almidón,
tendidas a la sombra del sol de mayo.

¡Pobre poeta enamorado!
Él siempre con ella de la mano, la poesía.

Las camisas de lino son blancas y huelen a jazmines,
blancos son, también, los jazmines,
y blancas las cartas que guarda en un cajón de su escritorio.

Las cartas de los enamorados están siempre repletas de naderías.
A él le bastaría con saber que fueron leídas.

Lía sus cigarrillos con papelillos transparentes,
mientras sueña con una góndola bajo la lluvia.
La obstinada imagen vaga por su mente;
una góndola bajo la lluvia, es aquella mujer en la madrugada,
acunada por el amor cumplido.

Una góndola es el alma a la deriva de una mandolina
que guarda en su seno las notas de su misteriosa melodía.
Los besos bajo la lluvia se recuerdan eternamente.
Sus labios confundidos, ahora,
son amapolas mecidas por el viento.

Por eso, el canto de los grillos en verano
es la partitura compuesta por los pájaros sobre el cableado
eléctrico
y la luna, el farolillo de bazar que ilumina el bosque verde.

El bosque verde, al claro de luna,
es la cabellera azabache de su único amor,
amor ausente,
amor que agita su pecho y estremece su carne;
fiebre mortal que lo devora: la poesía.

El animal que me habita

Cautiva en mí,
en mi animal recogida,
viajo por territorios inefables,
me ausento ensimismada,
sonrío con la sonrisa que me presta.

Escucho su agitada respiración,
no es de víscera ni cartílago la causa,
es el dolor que lo enfurece,
el miedo.

Yo nada sé, nada puedo saber
salvo que se despierta mientras duermo.
Él fue antes que yo, antes que este cuerpo y esta voz,
se esconde en mi sangre susurrando.

En ocasiones me salva,
me rescata,
acude en mi ayuda,
otras me borra,
me anula,
me aniquila.
Imposible huir porque conoce la naturaleza de lo eterno,
lo prefiere a la muerte.

Es un hambriento orgulloso que cree doblegar su hambre,
pero se engaña,
nada doblega,
nada manda,
su hambre no es más que impotencia disfrazada,

desamparo,
silencio.

La lluvia lo hipnotiza,
orada la tierra para enterrar su dolor.

La travesía, junto a él, siempre es un balanceo.

Los dedos no me responden,
sé que él está tensando mis tendones,
no quiere que escriba esto.

Sostengo su cabeza con mi mano derecha, eso lo tranquiliza,
habla un lenguaje de arena que se desmorona,
y yo, como no comprendo sus palabras,
las recojo y las guardo en raros recipientes de cristal.

Tengo la certeza de que nunca nos encontraremos.
Vaga perdido entre los pliegues de mi piel,
se oculta en mi retina, filtrándose por las finísimas venas del ojo.

Camina sobre la cuerda floja de la culpa,
se ahoga, respira con dificultad...
Es la herida,
su herida, que es mi misma herida abierta que sangra.
Es la sangre de su estirpe
reencarnada en hombres y mujeres,
en poetas ciegos.
Sabe que el recuerdo no podrá defenderlo de su propia ira.

Desconfía del ser humano
Porque, en otro tiempo, el animal que me habita,
vio *giralunas* hirientes al borde del camino,
madrugadas de incienso y metralla.

Pero eso no importa ya,
nada importa,
nada importa,
repetimos el mantra,
nada importa...

Nacimos bajo el estigma de la nieve
y en la nieve tenemos puesta toda esperanza.

Errabundo, solitario,
levantisco y rebelde
en constante metamorfosis,
a lo largo del tiempo y el espacio,
sin renunciar a su identidad atávica.

Subido a las manecillas del reloj cósmico,
Peregrina sin descanso, buscando el lugar donde nacen los vientos.

El animal que me habita,
recuerda y echa en falta a otra criatura signada por la nieve,
me habla del futuro,
de las bellas flores que lloverán sobre nuestras cabezas
el día en que los hombres partan camino del éxodo definitivo.

Suenan unas notas, solo yo puedo oírlas,
junto latido de su corazón, música líquida sobre la luna.

Él da luz a mi sombra.

El animal que ha vivido de cerca el infierno,
te adivina rápidamente las intenciones, no se anda con rodeos,
es de una claridad diáfana,
sabe que el hombre confunde
con demasiada frecuencia la libertad
y el sentido de la compasión con la locura.

Por tanto, este animal ciego y loco en el que me constituyo,
busca a tientas un lugar donde apaciguar su fiera,
lo más lejos posible del hombre.

Le basta apenas un gemido,
un sollozo para orientarse y continuar su andadura
antes que la oscuridad lo devore.
Para cuando esto suceda, sus crías ya estarán a salvo,
por eso sé que mi animal,
es un animal herido y duerme siempre con los ojos abiertos.

Lamento del tiempo

Se lamenta el tiempo
en el líquido goteo del deshielo,
en las manecillas del reloj se descuelga
                                        el tiempo
vencido por el tedio giratorio,
en las señales del hambre, se lamenta
y aúlla el tiempo, devorado por el fuego.

Se muere de nostalgia en la efímera
                              belleza de la rosa,
en el pliegue madre de la tierra
deja su rúbrica, su fosilizada huella.

Testigo mudo, se lamenta
                                        el tiempo
de la afrenta: el cuerpo de Ofelia despreciado
flota inerte sobre el río.

Se lamenta en la espina de la muerte
mas ¿qué hacer? también de tanto renacer
muere la aurora.

Se lamenta hoy en lluvia torrencial
y mañana en vendaval sonoro
tanto en lo perenne, como en lo efímero
                                        se lamenta,
como hace el relámpago apenas unos
segundos en el cielo.

Se lamenta el tiempo esparciendo plumas,
son las alas amputadas de los pájaros
que siembran el suelo de vuelos fallidos...
Todas las aves de la tierra han muerto ya.

Las alas esparcidas en las aceras
¿qué vienen anunciando?

Reguero de ceniza

Hay palabras extrañas,
seres palpitantes que habitan
con frecuencia en los poemas:
musgo, jazmines,
ventanas al mar,
nostalgia marchita
y cierta amargura sufrida por el poeta
al contemplar su figura en el espejo
de los versos.

Más la luz,
los besos,
la sed y la fatiga,
la sombra fría,
el viento,
las manos llenas de alondras,
peces de mar y río,
                                        río de amor y muerte,
altos muros,
afanes y cárceles sombrías.
¡Qué alto el palomar de la congoja!

Arpegios, suspiros, dulces acordes
pero de cuantos poemas leí
en muy pocos hallé un corazón latiendo.
En todos, eso sí, tiempo que trascurre
por un surco repleto de ceniza.

Amor que nunca llega, imposible amor

En la pupila del gato
se ve reflejada una mujer
que mira tras la ventana.

Sobre el alfeizar, luce abierto
un girasol.

A su derecha, espera sentado el gato
sobre el asiento de una silla;
la mujer ve mirar, a su vez, a otra mujer
que también aguarda tras los cristales.

A su derecha, la tenue luz de la lámpara de la nostalgia
parpadea.

Las dos esperan, pero únicamente
en la pupila del gato
se mira la luna llena,
parpadea la lamparilla
y deshoja sus pétalos el girasol.

II. Tu pupila puede ver la rosa

Tu pupila aún no puede ver —la rosa—
espera a que pase esa nube de desconcierto
deshaz los nudos de dolor poco a poco.
El arrojo es propio de la ignorancia.
Ahora calla. No digas nada.
Escribir, es también resistir.
No te lo reproches... los versos no ganan batallas,
no salvan vidas, no dan de comer a los hijos...
aunque la dicha de hallarlos nos consuela.
El silencio es una lengua muda. Por eso calla.
Ahora el poema es como un pez boqueando en tierra.
Las palabras no dicen lo que nombran.
Ten paciencia. Las palabras precisas llegarán a la boca,
como la sangre discurre por las venas.
¡Cuánta sabiduría para ser paciente,
para ser dócil, para ser discreto!
La discreción carece de vehemencia,
en todo caso, la meta última es conquistar la paz.
Reconcíliate con tu piel.
Para ello has de sufrir la capacidad, la inteligencia,
la vulnerabilidad.
No desesperes, no claudiques.
Y, sobre todo, no olvides,
que, al prender una cerilla,
lo primero que arde es la cabeza.

MANUAL DE SUPERVIVENCIA

Orden y concierto

Voy a ordenarlo todo —me digo—
los sueños que se me han ido enredando
entre las costuras deshilachadas de los vestidos
y la doblez de sus falsillos hilvanados con premura.

Voy a deshacerlos,
pues seguir la huella de lo hilvanado
sea, acaso, vivir en el pasado.
Deshacerlos.

Voy a pespuntearlos derechitos, los sueños,
para que no se me amontonen incumplidos.
Pespuntearlos.

Voy a vaciar los armarios de ropas
que solíamos ponernos cuando éramos otros
porque ya no encajan como antes en nuestros cuerpos.

Voy a vaciarlo todo.
Soltar amarras como se hace en los barcos.
De mañana no pasa —me digo—
plegaré uno a uno mis recuerdos
haciéndoles coincidir por las costuras,
manga sobre manga, abrazo con abrazo.

Guardar los viejos patrones de una vida caduca,
para inventar otra.
Inventarla.
Nombrarla para que sea.
Vivir, no malgastar el tiempo.

Limpiaré la casa de papiroflexia voladora
y me desharé de todas las palabras inservibles.
Llamaré a las cosas por su nombre verdadero.
Nombrarlas.

Después, me pondré a contemplar
cómo pasa el tiempo
por esa tarjeta de larga cola
que quedó impresa en las fotografías
y guardar la memoria.
Guardarla.

Voy a desbrozar todo este bosque,
esta selva de cosas y palabras inútiles
por ver si me hallo al fin en algún lugar,
desnuda y verdadera.

Fotografía

Se yergue el poste pelado
como despojo del último verano,
desnudo y sin sombraje.

Un señor con gabardina
lee el periódico sentado
en una silla de tijera.

La silla, hundida en la arena, echa raíces.

A los dos hombres los atrapó la niebla gris de noviembre,
aguaceros frente al mar
y una casa que echa humo,
arriba en la colina.

Una cámara fotográfica hace clic,
después de la toma, no serán ya
más que un trozo de noviembre
expuesto en la pared de la cantina.

Plantar un jardín

¿Alguna vez soñaste con plantar un jardín?
Yo lo hice.
Después de todo, en algún momento,
habría de reclamar mi porción de paraíso.
Todos acabamos haciéndolo tarde o temprano.
Así es que un día me dispuse
a plantar flores...
Cuido algunas plantas en mi terraza,
un jazmín, aloe vera, azucenas, lirios, claveles.
Ahora puedo decir que domino el lenguaje de las flores
y estudio las venas de los lirios.
Aquí siempre hay una silla dispuesta,
esperando, con infinita paciencia,
como solo saben esperar las sillas.
Las sillas son muy socorridas,
mejor que las muletas, preferibles en todo caso.
Nos sostienen inmóviles y nos resarcen del trabajo,
de los quehaceres cotidianos.
El caso es que, sentada o de pie,
desde aquí puedo mirar cómo cae la lluvia,
la granizada, la nieve; en definitiva,
leer el diario de las estaciones.
Desde aquí puedo hablar con los vecinos,
ya sabes, en voz alta, como se hace en los pueblos.
Desde aquí digo al cartero que aguarde un momento,
pido al panadero el pan que preciso...
No es un jardín, estoy de acuerdo,
pero al menos me consuela, momentáneamente,
de la expulsión del paraíso.

Ser perro

Ser perro,
sentir el aire en la cara,
caminar sin rumbo.
Ser perro para poder dormir
lo que te apetezca,
largo y tendido.
Ser perro,
dar saltos
hasta avanzada edad.
Gruñir, ladrar,
avisar antes del mordisco,
hacer cabriolas en el aire.
Dudar de las palabras,
buscar con la yema de los dedos
el rastro de la luz.
Ser perro,
entender la esperanza
como ese hueso atado a una soga
que nunca puedes llegar a morder.
Ser perro,
criatura en la que nadie repare,
preferir la intemperie a la compañía del humano
y huir lejos del mundo y su crueldad.
Ser perro
porque, al cabo, nada importa
y la muerte siempre tiene las manos frías.

Abre los ojos

Abre los ojos
y contempla la tierra.
Alza los párpados
y ve el horizonte,
es una cuchilla
que secciona dos mundos.

Es la luz, la que escribe la historia.
Es el sol el que devora las dunas.
Es la tierra cuarteada la que alza
sus manos llagadas, suplicantes.
Es el aire inmóvil el que arde.

Los hombres vivimos ahora
como seres mutilados,
despojados de toda poesía,
cegados por las cifras y los números,
desposeídos de la medida del tiempo
que a cada uno corresponde.
Abre los ojos,
ahí fuera está la vida. Ve.
Vivir en el poema
es como vivir en la clandestinidad
negándonos el yo y el nosotros;
aunque sepas
que el tiempo de los sembradores furtivos llegará
y habrás de recoger la cosecha a escondidas...

Ve. Vive
antes de que el sol se ponga definitivamente.
Las luciérnagas, no son estrellas, aunque lo parezcan,
brillan solo en la noche.

Anhelo de ser nube

Los huesos de los pájaros son frágiles,
frágiles huesecillos, susceptibles de quebrarse fácilmente,
tan frágiles que podríamos estrangular a un pájaro
con nuestras propias manos; potencialmente podríamos,
pero el verbo —quebrar— se parte también
en nosotros por exceso de fragilidad.
Por exceso de fragilidad, también termina la vida
y por el mismo exceso de fragilidad, puede continuar,
pues no hemos venido a este mundo a matar a nadie.

La palabra —frágil— es llana o grave,
carga con su condición de finitud al nombrarla,
así el hombre al nacer.
La palabra —frágil— nos concibe indefensos,
vulnerables, susceptibles de sufrir algún daño.

En la anatomía del pájaro,
las moléculas se ordenan geométricamente
en una suerte de armazón óseo, capaz de hacerlo volar.

Los huesos de los pájaros son frágiles y huecos,
coracoides, clavícula y escápula
evolucionan para que, al cabo,
el esqueleto se adapte al vuelo.

Huesos huecos, cavidades en donde
pueden habitar los huracanes
y el anhelo de ser nube.

Late un corazón en el pecho diminuto del ave
que termina siendo una quilla
dispuesta a surcar los vientos
a pesar de su fragilidad.

¡Qué ironía!

Los poetas no servimos para nada
como no sea para cargar la luna en una carretilla
y pasar la noche en vela.
Los poetas no servimos para nada,
aunque nos corten el fluido eléctrico
por no poder pagar la factura de la luz
y protestemos con toda la razón.
Aunque la poesía encalle en el arrecife del pecho
y se nos deshaga en lágrimas.
Aunque nos asesinen un dieciocho de agosto
al amanecer, en la carretera de la muerte.
Aunque trabajemos de sol a sol, construyendo puentes,
limpiando oficinas o cuidando enfermos.
Aunque seamos encarcelados y sometidos a tortura
por militar a favor de la justicia social.
Aunque seamos demasiado jóvenes
y escribamos mejor que algunos ya consagrados
en el falso Olimpo de los poetas.
Aunque escribamos ensayos sobre el amor y la muerte,
los poetas no servimos para nada.

Los poetas no servimos para nada
porque somos gente rara,
porque tenemos el don de la premonición,
el don de la inoportunidad, el don de la rebeldía,
y somos el espíritu de la contradicción.

Porque carecemos de posesiones materiales
y habitamos un palacio en nuestra mente,
una isla inaccesible que nadie puede invadir,
porque no creemos en cosas que no tengan alma.

Los poetas somos gente extraña
y no servimos para nada,
porque tenemos impulsos suicidas
y llevamos en la mano derecha una manzana
exhibiéndola como prueba del pecado original.
Los poetas somos gente incómoda a la que cuesta convencer.
y mucho más sobornar
por eso, los poetas no servimos para nada.

Escucha el silencio

Escucha el silencio
él te guiará a las manos de la madre,
a la naturaleza desnuda.
Adéntrate en el bosque,
abraza la fronda,
los árboles ancianos.
Contempla la luz,
piérdete en el crepúsculo,
Adéntrate en la noche
preludio de constelaciones.

Cumple con el rito,
con la ofrenda de los frutos equinocciales.
No des asilo a la tristeza,
no siempre el pájaro cantó desde su rama,
hubo días que, aterido de frío,
y sin instrumento, gravitó en el espacio,
revoloteó por el campo,
sabiendo que sin su canto
todavía podía del rocío beber
el néctar de la vida.
Y allí, en silencio, apenas con su humilde piar,
emitir el canto.

Descifra el enigma

Veintitrés letras y dos signos de puntuación
a eso se reduce todo lo imaginable,
lo decible, lo pensable, lo indecible
y lo impensable.

He ahí el recinto del pensamiento y las palabras.
Inquietante transitar por esos lugares...
Fuera, lámparas, anaqueles, geometrías, libros.
Dentro, un lugar sagrado e inaccesible: la mente del poeta.
En el exterior, la soledad desnuda a la intemperie,
acaso, la mirada ciega de las estatuas y sus sílabas mudas, es todo.

Teje y espera

No olvides que tú puedes ver —la rosa—,
aun en la hora más insomne y sombría de la vida
pues guardas un reloj de sombra
y una piedra solar para guiarte
en los días grises
como hacían los antiguos navegantes del norte.

Pero si, aun así, no lo consiguieras,
haz algo con tus manos,
los dedos irán desenredando poco a poco
la madeja de los días...

Teje y espera.
Venda tus dedos cuando sangren
hasta curar la herida.
Y después continúa tejiendo,
el nudo suave ahueca la labor,
hila el dolor hasta que desaparezca.

Recuerda, las palabras no saben de —la rosa—
pero tampoco —la rosa— sabe de ellas,
—la rosa— germina en buena tierra.
Las palabras solo brotan en el poema
por eso nunca te rindas,
aunque tengas que inventar de nuevo el mundo
y nombrar las cosas jamás nombradas.

ÍNDICE

VER LA ROSA

MANUAL DE SUPERVIVENCIA

Este libro se terminó de editar en Granada
en febrero de 2024 por

Aliarediciones

www.aliarediciones.es
info@aliarediciones.es